CHRONIQUES

Françoises

de

Jacques Gondar Clerc.

publiées par F. Michel.

suivies

de Recherches sur le Style

par Charles Nodier.

Paris

Louis Janet,

Rue St. Jacques.

1830.

Dames et Damoyselles,

Oyez une hystoire lamentable laquelle advint sous le règne de défunct le roy Phelippe ; c'est à sçavoir : les amours et le trespas du noble et preux bachelier Jehan de Ballor.

U temps jadis estoit au pays de Bourgongne une damoyselle laquelle avoit si beau corps qu'eussiez creu qu'elle estoit ung ange de Paradis. Estoit ladicte damoyselle moult chérie et aymée par son père le chastelain de Couches et demouroient ensemble en leur chastel. Or il advint qu'ung soir ils se pourmenoient tous deux sur ung donjon et devisoient de la croisade qui avoit

esté faicte sous le feu roy
Loys septième du nom, lors
qu'ung chevalier et son escuyer
portant pennon aux armes de
Bourgongne arrivèrent devant
le fossé. Et le chevalier souffla
dans sa trompe, l'archier qui
estoit sur la tour luy respon-
dist et le pont s'abaissa sur le
fossé.

LOrs que le chevalier fut
en le chastel, ung varlet le fist
entrer en une salle où le chas-
telain estoit assis sous ung

dais de soye avecques sa fille la jeune Berthe. Le chevalier les salua moult humblement, puis dist :

DIeu vous gart, messire, je vous apporte une épistre de par monseigneur le duc de Bourgongne, mon maistre.

OR sus, baillez, Messire, respondist le chastelain. Puis s'adressant à ung varlet : cours tost, Jehan, va quérir mon clerc. — Le varlet yssit, puis

revint avecques le clerc, qui
print l'épistre et leut ce qui
s'ensuyt :

HUgues, tiers du nom, à
son féal et vassal le chastelain
de Couches, salut :

COmme monseigneur le
roy Phelippe, nostre seigneur
lige va guerroyer contre son
vassal félon Henry d'Angle-
terre, je vous semonds que
veniez à la teste de vos cheva-
liers et escuyers à grant har-

[vj]

nois à Dyjon, à l'entour de mon chastel, la veille du dimanche de la Passion. Sur ce, Messire, je prie monseigneur Dieu et madame saincte Marie qu'il vous ayent en leur saincte et digne garde. Amen. — S'il plaist à Dieu, ainsy sera, Messire, et le dictes à Monseigneur le duc de Bourgongne, fist le chastelain.

Et quelques jours après le chastelain yssit de son chastel de Couches et chevaulchoit

en la route de Dyjon à la teste
de ses gens d'armes à grant
harnois.

BErthe plora beaucoup tout
d'abord se voyant seulette,
puis se consola et, selon ses us
et coustumes, alloit souventes
fois, la messe ouye, chevaul-
cher ung petit en la plaine. Or
il advint qu'ung jour elle ne
peust gouverner son palefroi
qui se mist à courre et l'en-
traina emmy prés et vergiers
en telle sorte qu'elle alloit

cheoir, lors que ung jeune ba-
chelier, qui nom avoit Jehan de
Ballor, passant par advanture,
l'en empescha et la ramena en
le chastel de Couches. Chemin
faisans, ils devisèrent sur l'a-
mour et firent si bien qu'au
demourant ils s'enamourèrent
l'ung de l'aultre, [car estoit le
jeune bachelier de bonne grace
et si bien faict que oncques
ne fut veu son pareil,] et de-
puis se veirent moult souvent
et tenoient doulx propos d'a-
mour.

Ung jour estant tous deux
en un vergier, le bachelier se
mist aux genoulx de la pucelle
et la pria qu'elle luy octroyast
le don d'amoureuse mercy.
Mais point ne voulut icelle,
disant qu'à nul ne l'octroyeroit
sinon à son espoux, qu'aul-
trement trop auroit de vergon-
gne. Le bachelier prioit, fai-
sant piteuses lamentations,
mais ce fut envain. Adoncques
il se releva et ayant salué hum-
blement la damoyselle, il alla

[x]

en la cité de Rouvray où se
menoient joustes et tournoie-
mens et portant à son heaulme
une manche que la damoyselle
luy avoit baillée, il desconfist
tous ceulx qui vindrent jouster
contre luy.

CEpendant le duc de Bour-
gongne, la guerre finie, estoit
rentré en sa cité de Dyjon et
avoit renvoyé ses barons chas-
cun en leur chastel. Le chas-
telain de Couches revint en le
sien, et avoit amené avecques

luy le sire de Chaalons qu'il vouloit festoyer, pour ce qu'en une bataille iceluy avoit desconfit une troppe d'Anglois, qui avoient gecté le chastelain à bas de son destrier, et le vouloient occire. Lors qu'ils ne furent qu'à quelque distance du chastel, les trompettes des gens d'armes qui les suyvoient commencèrent à bruyre en merveilleuse façon. A quoi les souldars qui estoient sur les tours respondirent, et menoient tous grant noise. Berthe monta vistement sur ung donjon, et, apercevant son père, elle vint en la court, pendant que le pont retentissoit des pas des chevaulx lesquels entroient dedans le chastel à grant foison.

Quant le chastelain fut descendu à bas de son destrier et vist sa fille, il la baisa et l'accolla pendant ung long temps, et larmes cheioient de leurs yeulx moult grosses, puis il luy dist : — Damoyselle, prenez messire, qui nous a

[xiij]

faict l'honneur de venir nous
veoir, baillez-luy un surcot
aorné de fines broderies et
lavez.

BErthe leva ses yeulx sur
le chevalier, les abaissa en
rougissant et se retira. Bien-
tost elle revint et, pendant
que les varlets dressoient les
tables qu'ils couvroient de
viandes et de mets de mainte
espèce, elle présenta au cheva-
lier une aiguière en fin argent
en laquelle iceluy lava ses

mains. Puis passèrent tous leur surcot et s'assirent à l'entour de la table, où prindrent à loysir mets et vins de toute espèce. Lors que la faim fut chassée hors, ils devisèrent d'amour, de tournois, de faulcons et chiens. A la fin du repas on apporta vins, pommes et gingembras, et quant furent bien réconfortés par vivres, le chastelain joua aux eschecs avecques le chevalier. Puis la nuyt ja close, la damoyselle manda les varlets à celle fin qu'ils

fissent le lict au chevalier qui
l'en avoit requise.

LE lendemain quant le jour
fut venu, le chastelain et le
chevalier montèrent sur leurs
destriers et Berthe sur son pa-
lefroy blanc, et allèrent en-
semble chasser bestes sauvages
ès boys. Bientost ung porc s'en-
fuyt en la plaine et fut pour-
chassé vifvement et estoit jà
navré de mainte bleçure, lors
que Berthe luy fischa son espieu
en le flanc et l'occist inconti-

nent. De ce furent tous les chasseurs esbahys en merveilleuse façon, et par dessus tous le sire de Chaalons.

OR estant seul avecques le chastelain au retour de la chasse, il luy dist :

MEssire, avez fille si belle et si chevaleureuse que vouldroye en avoir pareille pour espouse ; point ne craindrois pour mon chastel de Chaalons, quant irois en guerre ou en pélerinage.

LE chastelain songea ung petit et puis dist : — Messire, je vous doibs guerdon pour ma vie qu'avez faict saufve; or si aymez d'amour Berthe ma fille, vous la baille pour estre vostre espouse.

LE don est grant et riche, faict le chevalier, mais si elle a baillé sa foy à aulcun?

OH! non, fist le chastelain, m'est advis que point

n'auroit faict pareille chose
sans m'en parler et me de-
mander mon gré.

CE disant rentrèrent en le
chastel. Berthe y estoit jà ar-
rivée, ensemble avecques son
escuyer, et lors qu'elle vist son
père elle le print à part, et fis-
chant ses yeulx en terre elle
luy dist :

MOn père, et très honoré
Sire, oncques ne vous ay celé
la vérité et ne voudrois mie
encores commettre tel péché :

or pendant qu'étiez loing de vostre chastel à guerroyer contre les Anglois félons ay congneu ung jeune bachelier nommé Jehan de Ballor qui m'a faict la vie saufve, et luy ay baillé ma foy, car il est de bonne grace et moult debonnaire.

LOrs Berthe leva les yeulx sur le chastelain; mais, voyant qu'il ne sonnoit mot aulcunement et paroissoit courroucé, elle les abaissa.

OR sus, Damoyselle, qu'en
adviendra-t-il, se print à dire
son père?

MOn très honoré Sire,
respondist Berthe, vous prie
moult humblement qu'il vous
plaise le laisser venir en vos-
tre présence.

NEnni, fist le chastelain,
plus n'y pensez; vous ay baillé
pour espouse au sire de Chaa-
lons qui est preud'homme, loyal

et droicturier envers Dieu et le monde, renommé de grant prouesse et hardement; et sçachez, Damoyselle, que point n'ystra de mon chastel que les nopces ne soient faictes; en attendant icelles, plus ne reverrez le bachelier vostre doulx ami qui a sçeu tellement vous décevoir.

Que vostre volonté soit faicte, respondist Berthe, mais en mourray certes de deplaisir.

Et plus n'en dist mais,

car elle se pasma et cheust à terre. Adoncques le chastelain appela une chambrière, et alla s'esbattre en le préau où jà estoit le sire de Chaalons.

LE lendemain au matin, il retourna en la closette où Berthe estoit restée la veille, et luy demanda à sçavoir si point elle ne vouloit obéir à son commandement; mais icelle se mist à plorer et à gecter souspirs, disant qu'elle mour-roit plutost qu'avoir pour

espoux ung aultre que le ba-
chelier son doulx ami.

ADoncques le chastelain
envoya ung de ses varlets au
moustier prochain, vers le père
Leufroy, qui souloit confesser
la damoyselle, et, quant il fut
venu devers luy, il luy dist : —
Dieu vous soit en ayde, Mes-
sire Moyne; vous ay mandé à
celle fin que rameniez ma fille
en la bonne voye dont elle est
hors. Berthe a toute créance
en vous; or faictes qu'elle ou-

blie son amy Jehan de Ballor, lequel trop est povre bachelier pour estre mon gendre, et qu'elle veuille de bon gré espouser le sire de Chaalons, à qui je l'ay promise. Si ainsy faictes, bailleray à vostre moustier une paire de boeufs, et à vous, Messire Moyne, soixante sols d'or fin.

S'Il plaist à Dieu, respondist le père Ceufroy, ainsy sera, Messire.

[xxv]

INcontinent il manda la damoyselle, et tous deux ils s'enfermèrent en une closette. Après avoir ouy sa confession, le moyne demoura immobile ung petit, récitant ses patenostres, et puis dist gravement :

DAmoyselle de Couches, m'est advis, de par le ciel, que aymez d'amour ung jeune bachelier lequel a nom Jehan de Ballor, et que, pendant que mon très honoré Sire, le chas-

telain vostre père guerroyoit
contre les Anglois, le voyie;
souventes fois; or je vous se-
monds que le fuyiez comme la-
dre, car il est coulpable de maint
péché et villainie; et, si ne
faictes point ce que vous diray,
vostre ame après vostre mort
sera gectée ès enfers, pour ar-
dour avecques Satan.

MErcy, s'escria Berthe,
mercy, Messire Moyne, feray
ce que vouldrez; adviengne que
pourra. Et plus n'en dist mais,

et se mist à plorer. Sur ce,
le moine print une feuille de
vélin et luy fist escripre ce qui
s'ensuyt :

A noble et discrette per-
sonne, Jehan de Ballor, Berthe,
damoyselle de Couches, rend
très humble salut.

JE vous escrips ceste épis-
tre à celle fin que plus ne cher-
chiez à me veoir. Maintes rai-
sons que ne puis vous deduire
me forcent à ce qu'ainsy fassie;

[xxviij]

Sur ce, je prie Monseigneur
Dieu et Madame saincte Ma-
rie qu'ils vous ayent ung jour en
leur sainct Paradis. Amen.

AInsy faict, le père Ceufroy
print l'épistre et la scella du
scel de la damoyselle, puis,
après luy avoir baillé l'absolu-
cion, il yssit du chastel et vint
en le logis de Jehan de Ballor,
et l'y treuvant, il luy dist :

DIeu vous gart, Messire,
j'ay une épistre pour vous de

[xxix]

par ma très honorée dame,
Berthe, damoyselle de Couches.

OR sus, baillez vistement,
Messire Moyne, respondist
le bachelier; et la leut.

OH! oh! dist-il, la damoy-
selle veult folastrer voirement,
ou peut-estre point elle n'est en
son sens. Mais si elle dict vray,
je jure par Monseigneur sainct
Denys que plus elle ne verra
ma face, car elle est déloyale
et foy mentie. Ainsy luy dictes,

c.

[xxx]

Messire Moyne; tenez, very
dix sols pour vous.

Que Dieu vous les rende
en son sainct Paradis où serez
ung jour,respondist icelluy. Et
retourna moult joyeux en son
moustier.

Le bachelier leut de rechef
l'épistre et avisa le scel lequel
estoit certes celluy de la damoy-
selle sa mie et fut moult do-
lent. Puis il monta sur son
destrier et vint au chastel de
Couches. Mais l'archier qui

estoit à l'huis point ne voulut baisser le pont et luy crya qu'il eust à s'éloingner le plus vistement qu'il pourroit. Lors le bachelier mena si grant deuil que nul ne le sçauroit dire, et revint en son hostel, puis le lendemain en yssit sur son destrier avecques son escuyer, tous les deux à grant harnois et plus n'y revindrent.

DEux jours après se firent les nopces du sire de Chaalons et de la damoyselle de Cou-

[xxxij]

ches, et furent grans festins et tournoiemens, où se firent grans prouesses. Et là estoient le comte de Rouvray, avecques sa fille la jeune Aliénor, le duc de Nevers, le sire de Sainct-Geran, et le chastelain de la Rochepot, et chevaliers preux et renommés à foison, tous experts en l'art de férir de lance et d'espée, à pied et à cheval; et nonobstant ce, estoient au demourant tous desconfits par le sire de Chaalons lorsqu'advint chose merveilleuse.

LE second jour vint en la
lice un chevalier couvert d'ar-
mes noires, sans devise ne
pennon, ayant la veue de son
heaulme abaissée sur sa face,
et passa deux fois devant la
damoyselle de Couches, qui
trembla comme feuille et bles-
mit comme linge ; et desconfist
tous ceulx qui vindrent jouster
contre luy, voire mesme le sire
de Chaalons et le chastelain de
Couches et les gecta en terre.
Ceste besongne faicte, point

ne voulut lever la veue de
son heaulme, bien qu'il en fust
requis par toutes les dames
et gentes pucelles qui estoient
à l'entour du champ-clos, moult
aornées comme anges de pa-
radis, fist de rechef deux fois
le tour de la lice, la lance
haulte, et lors que passa de-
vant la damoyselle de Couches
on l'ouyt s'escrier : Point ne
debvriez estre icy, car estes
félonne et foy mentie. Enfin il
yssit avecques son escuyer et
plus ne fut veu dedans le pays.

E pendant Guillaume, arcevesque de Tyr, preschoit en la cité de Gisors, par devant le roy Phelippe et le roy d'Angleterre Henry deuxiesme du nom qui y tenoient court planière. A son arrivée de la terre saincte, ces deux roys, qui se faisoient rude guerre pour le Vexin, avoient faict trèves, et s'estoient baillé ostaiges l'ung à l'aultre. Guillaume fut par eulx reçeu à grant honneur et réverence et leut à haulte voix par devant les princes et les chevaliers une hystoire de la prise de Hierusalem par Saladin, l'empereur des Sarrazins. Ceste lecture faicte, il exhorta les assistans à prendre la croix, et la prindrent le roy Phelippe, Henry deuxiesme du nom, roy d'Angleterre, et son fils Richard duc de Guyenne, Phelippe comte de Flandres, Hugues tiers du nom, duc de Bourgongne, Henry comte de Champaigne, Thibault comte de Blois, et aultres chevaliers de hault lignaige.

PEndant ce temps-là moynes quittoient leurs moustiers et chevaulchoient par monts et par vaulx, preschant la croisade en tous les chastels de leurs pays, et vint le père Leufroy en le chastel de Couches, lors que prenoient fin les tournoiemens, et si bien parla que les chevaliers qui, les jours d'avant, avoient tant valeureusement jousté, ploroient comme femmes et enfans, en oyant tous les maulx dont les payens et les mescréans, serviteurs de Mahom, grevoient les chrestiens d'oultre mer. Enfin ils prindrent tous la croix, voire le chastelain de Couches, le sire de Chaalons et son espouse.

LE lendemain vindrent tous les trois en le chastel de Chaalons, et quelques mois après ils en yssirent avecques une suite

de cent gens d'armes, et vin-
drent ensemble et le duc de
Bourgongne leur seigneur lige
en la cité de Gênes. Là ils
entrèrent en des nefs qui les
conduisirent à Joppé, où venoit
d'arriver le roy Richard d'An-
gleterre qui estoit si preux et
si vaillant, qu'au jour d'huy,
lors que les enfans sarrazins
cryent et font bruyt, les femmes
de ce pays leur disent : Pour
quoi cryes ainsy ? Cuydes-tu
veoir le roy Richard.

En ce temps-là estoit empereur de ceste gent mauldite Saladin le fils D'ayoub et faisoit grans maulx aux deux osts. Or ung jour il advint que le sire de Chaalons et ses gens d'armes furent desconfits par les Sarrazins et le sire luy mesme fut feru d'un quarrel en la poictrine, et trespassa de ce siècle en l'aultre, dont l'ost fut moult en dommaige, et fut ploré par le roy Phelippe et ses barons, lesquels menèrent grant deuil.

CE pendant sa veufve at-
tendoit qu'une nef retournast
en France pour y entrer. Ung
soir elle estoit en son pavillon
avecques ses chambrières et
devisoient sur la Passion de
Monseigneur Ihesuchrist tray-
treusement occis au temps ja-
dis par les filz de Mahom en ce
pays, lors qu'on ouyt bruyre
au loing des pas de chevaulx.
Incontinent la dame se mist
à plorer.

d.

[xlij]

DAme, pour quoi plorez ainsy? Peut-estre souffrez griefve douleur?

OH! non, respondist la dame, plorant de rechef plus fort, ay souvenance que feu mon espoux [Dieu veuille avoir son âme en son sainct Paradis] revenoit ainsy la nuyt jà close, en menant pareil bruyt. Ung jour plus il n'est revenu. — Et la dame tousjours ploroit, laissant cheoir larmes à grant foison.

[xliij]

MAis le bruyt approucha,
et velà que l'escuyer qui estoit
à l'huis gecta ung cry lamenta-
ble : Holà ! les Sarrazins ! à
la rescousse !

ET fut occis tout aussi
tost.

LOrs les mescréans gec-
tèrent feu grégeois sus le camp,
et quant ils veirent que le feu
commençoit à esprendre et que
l'ost se réveilloit, ils se tour-

d..

nèrent en fuyte, emmenant avec-
ques eulx la dame de Chaalons
et ses chambrières en serfvage.
Lors il advint qu'ung cheva-
lier aux armes noires suyvi
d'ung escuyer et d'aultres gens
d'armes passoit par advanture
et rua sur les payens si aspre-
ment qu'il en meurtrit à grant
foison et ramena la dame et
ses chambrières en leur pa-
villon.

LOrs la dame rendit mille
graces au chevalier et voyant

qu'il avoit le bras navré d'une flesche, elle pensa sa bleçure avecques son escharpe. Mais lors qu'elle le requist qu'il levast la veue de son heaulme, il s'en alla, sans mot dire aulcunement.

Ung brief temps après, la dame de Chaalons revint en France, en le chastel de Couches, et demouroit avecques son père, qui jà estoit vieil. Estoit presque tousjours ladicte dame seulette en une tour, pensant

souventes fois au povre ba-
chelier Jehan de Ballor.

Ung soir que la lune luisoit
cler, elle estoit à la fenestre,
chantant le premier verset d'un
virelay que jadis il avoit faict
pour l'amour d'elle. Et elle
fut bien esbahye, lors qu'une
voix chanta à son tour la par-
ture. Lors elle regarda et veit
Jehan de Ballor sur le bord du
fossé, et poussa ung grant
cry et se pasma. L'archier qui
veilloit sur le donjon, cuydant

que fussent robeurs jouxte le
chastel, banda son arc et fischa
une flesche en la poictrine du
bachelier qui cheust en le fossé
et mourut.

Au lendemain la Dame,
voyant ung mort gisant en le
fossé, ordonna qu'il en fust
tiré hors, ensépulturé et mis
en terre. Et ce firent les var-
lets. Ce faisant, iceulx furent
moult esbahys treuvant, en luy
ostant son surcot, une épistre
en parchemin scellée du scel

de la dame de Chaalons et
une escharpe entachée de sang,
et les portèrent à la dame. Lors
elle les resgarda ung petit,
yssit de la tour sans mot dire,
alla vers le trespassé, luy
avisa la face et le bras où il
avoit esté navré d'une flesche,
point ne plora, mais mourut.

Cy fine l'hystoire des
amours et du trespas du no-
ble et preux bachelier Jehan
de Ballor, composée par mais-
tre Jacques Gondar Clerc.

Prologue de l'acteur.

Our desduire belles dames et preux chevaliers, je, Jacques Gondar clerc, ay redigé et mis en volume l'hystoire autentique du feal Blondiaus de Nesle qui courut par toute Almaigne querre le très vaillant et très renommé chevalier Richard roy d'Angleterre son maistre gecté traystreusement en une prison par Leopold le duc d'Austriche; priant les lecteurs et auditeurs de ceste presente hystoire laquelle doresnavant je veuil commencer, qu'il leur plaise excuser mon ignorance et debonnairement suppléer et corriger en mieulx les faultes qu'il m'adviendra souventes fois de faire.

Cy fine le prologue.

Cy commence le rou-
mans de Blondiaus
de Nesle.

Au temps et regne Phelip-
pe le roy de France, estoit
en la bonne ville d'Arras ung menestrier
qui nom avoit Blondiaus, et
avoit long-temps demouré

c.

[lij]

avecques le roy Richard le-
quel l'aymoit tant affectueu-
sement que nul plus, car
estoient tous deux clercs et
avoient don de gay sçavoir
et avoient composé ensemble
lays et chansons. Mais estoit
allé le dict roy Richard en
terre saincte a celle fin qu'il
guerroyast côntre payens et
ennemys de monseigneur Ihe-
sucrist et ce pendant Blon-
diaus alloit en villes et chas-
teaulx jouant airs sur sa vielle
et chantant mainte plaisancte

[liij]

chanson. Or une nuyt qu'il se gesoit en son lict en son hostel, il songea ce qui s'ensuyt :

Il veit une nef en laquelle estoit le roy Richard et se faisoit grant vent : la nef alloit de çà et de là et au demourant eschoua sur la greve. Après ce, s'endormist Blondiaus puis songea de rechef et veit le roy Richard qui estoit en une prison et à l'huis estoient souldars à

c..

grant harnois et gros nom-
bre.

BLondiaus eut grant paour
de ceste vision et au lendemain
alla che3 ung juif de grant aage
lequel avoit nom Iosias ben
Manassès et sçavoit moult de
magie et de nigromancie, pour
quoi estoit appellé filo3ofe, et
estoit parent de Merlin. Blon-
diaus le salua, grant deuil fai-
sant et fut tout esbahy le filo-
3ofe du deuil qu'il lui veoit
faire et luy demande qu'il a et
qu'il luy die :

[lv]

CErtes, fait-il, ie meurs de deuil.

DE deuil, mon filz ? faict le filozofe, et d'où vient ce deuil?

J'Ay songé, fist Blon-
diaus, le songe le plus espo-
ventable que oncques songea
homme, en telle sorte que ne
pourray jamais croire que
bonne advanture soit advenue
à mon doulx seigneur le roy
Richard ; si ne treuve la rai-

son de mon songe, me con-
vient prochainement mourir.

A quoi le mescreant fist :
Que la volonté de Dieu soit
faicte, mon cher filz, comptez
moy vostre songe tout au long.

Et Blondiaus luy compta
son songe auquel le mescreant
respondist : Blondiaus demain
vous en sçauray dire la vérité.

Amen, dist Blondiaus et
s'en allant, il bailla deux sols

[lvij]

au juif qui moult le mercya et
en fut tout esjouy.

All lendemain, Blondiaus
revint devers le filozofe lequel
luy dist : Blondiaus, je vous
diray de vostre songe la vé-
rité : Monseigneur le roy
Richard s'est bouté en ung
vaisseau à Acre et a navigé
sans malle advanture, mais
en arrivant emprès l'Italie, sa
nef a eschoué sur la greve;
lors doubtant aller à travers
la France en laquelle il pour-

roit estre a la mercy de son plus cruel ennemy, il est allé en aultre pays où il a esté prins et gecté en une prison.

En quel pays? fist Blondiaus.

Ne puis vous le dire, dist le juif, mais qui veut treuver querir doibt, si ainsy faictes; m'est advis que viendrez à heureuse fin.

Ce feray certes, fist Blon-

[lix]

diaus, car je jure par mon-
seigneur sainct Vaast, quer-
ray le roy Richard en toute
terre tant que l'auray treuvé.

SUr ce, print Blondiaus
son escarcelle, en tira deux
sols d'or fin et les bailla au
juif lequel fut moult joyeux.
Lors Blondiaus revint en son
hostel et fut trois jours sans
qu'il mangeast, car pour le
deuil qui le grevoit il avoit
comme le sens perdu.

LE quatriesme jour, il se reconforta de vivres, alla en l'église sainct Vaast en laquelle il ouyt une messe, revint en son hostel et au lendemain print sa voye avecques sa vielle et sa pannetiere droict en la ville d'Anvers, s'enquerrant en son chemin devers tout le monde, si point n'avoit esté veu le roy Richard, mais nul ne pouvoit respondre aulcunement. Il alla en Italie, puis en Al-

[lxj]

maigne, chantant chansons et jouant airs sur sa vielle par devant les chastelains et les dames de ces pays.

Ung soir estant hebergé en ung chastel d'Almaigne, il se mist a chanter une chanson qu'il avoit faicte avecques le roy Richard; mais ne peut la finer, car il se mist a plorer en telle maniere que oncques nul ainsy ne plora.

POur quoi plorez ainsy,

f

messire Menestrier, luy fist
la dame, peut-estre avez perdu
vostre mie?

DAme, respondist-il, le
roy Richard qui a faict avec-
ques moy la plaisancte chanson
que vous avez ouye n'a guieres,
et qui bon roy et preux cheva-
lier estoit, peut-estre est tres-
passé de ce siecle en l'aultre.
Car, en revenant de la terre
saincte de Hierusalem, il est
venu en l'Italie, et, à l'heure
qu'il est, nul ne sçet ce qui

luy est advenu et de ce suis en
grant poine. Et tousjours plo-
roit le povre Blondiaus, car
nul en la compaignie ne sçeut
mie luy dire où estoit le roy
Richard.

Au lendemain il yssit du
chastel, et tant alla qu'il vint
en une fontaine soubz ung ar-
bre, se coucha et s'endormit
d'abord pour ce qu'il estoit tra-
vaillié, et ainsy comme il se
gesoit, en ce lieu vindrent deux
escuyers qui estoient au duc

[lxiv]

d'Austriche, et s'arresterent
pour le chault et pour soy re-
poser. Quant ils veirent Blon-
diaus dormant, dist l'ung : Qui
est cest homme qui dort ?

PAr ma foy, dist l'aultre,
je ne sçay, il n'est pas de cest
pays.

HA ! ha ! dist le premier,
c'est ung menestrier, or sus,
esveillons le à celle fin qu'il
nous delecte par musique

NOn, fist l'aultre, point n'avons le loysir de l'ouyr, Conrad, fine l'hystoire.

ADoncques ils s'asseirent, et ung des escuyers dist : Ung chevalier du sire de Gortz vint en le chastel et dist à monseigneur le duc d'Austriche, moy present : Monseigneur, emprès d'icy est le roy Richard avecques ses consors, je l'ay veu dedans l'hostel de messire Warberg. Lors monseigneur le duc

[lxvj]

print gens d'armes et vint en le logis d'icelluy, et luy dist : Or sus, baillez-moi viste le roy Richard qui est en vostre hostel. Lors le sire fut moult esbahy, et respondist : Monseigneur commandez vostre volonté, la feray certes; mais maintenant ne le puis mie, car point n'est icy le roy Richard ne aulcun de sa gent.

LE duc d'Austriche fut moult courroucé, et dist : Certes le treuveray-je bien moy si le

quiers, et mal vous en advien-
dra, messire Warberg, car
felon est le vassal qui cele
l'ennemy à son seigneur-lige.

Adoncques luy vingtiesme
il entra en la cuisine et en
icelle treuva le roy Richard,
vestu d'une robe de maistre-
queux, tournant capon. Lors
il manda à ses chevaliers qu'ils
l'apprehendassent au corps et
l'emmenassent en une prison,
et, chemin faisant, luy disoit le
duc : Quant on a la morvre,

[lxviij]

on se muche; ainsy avez-vous
faict, roy d'Angleterre; mais
rien ne vous vault, par mes
mains passerez. Bien vous et
moy soubvient du deshonneur
que portastes à mon gonfano-
nier, lequel portoit ma banniere
à l'encontre des Sarrazinois,
que vous la dechirastes en mille
pièces, et la fistes gecter en
vilain lieu ord et puant, en
despit de moy.

Ce durant, ne sonnoit mot
aulcunement le roy Richard.

MAis le soleil est jà hault ès cieulx, viens, Jehan, te compteray le restant en chemin. Et s'en allerent les escuyers au duc d'Austriche.

OR Blondiaus qui esveillé estoit entendit bien les parolles, et sault sus et va tant qu'il vient en ung chastel d'Austriche qui estoit appellé Remberg. Blondiaus, qui moult grant faim avoit, entra chez le chastelain, qui estoit preud'homme et debonnaire, et tout d'abord mangea avecques les povres; mais bientost il fut veu par le chastelain, qui luy dist : Venez, messire Menestrier, point n'ayez vergongne, puisque estes clerc et de gay sçavoir mangerez avecques nous et nous delecterez par chansons et comptes de plaisanctes advantures. En quel pays avez-vous prins naissance?

MOnseigneur, en Beauvoisis, fist Blondiaus.

LEquel est vostre nom, dist
le chastelain?

J'Ay nom Guillaume, fist
Blondiaus. Ainsy dist-il, car
il avoit grant paour qu'il fust
recongneu, et cuydoit, s'il estoit
recongneu, estre destruyt. Et
ainsi vesquit Blondiaus tout
l'hyver, et demoura en le chas-
tel, jouant moult airs sur sa
vielle, chantant et fabloyant
par devant le chastelain, lequel
estoit jeune chevalier et joli,

[lxxij]

et la chastelaine, qui estoit
belle, et laquelle il avoit faict
sa dame.

SOuventes fois, en visitant
le chastel, il vint à une tour
en laquelle il ne peust aulcu-
nement entrer pour ce que ar-
chiers estoient à l'huis et veil-
loient nuyt et jour. Une fois
vint Blondiaus devers le chas-
telain, et luy dist : Beau Sire
hoste, y ast-il prisonnier de-
dans la tour?

[lxxiij]

Oui , sire Menestrier , respondist le chastelain , et de hault lignaige.

ADoncques Blondiaus plus n'en dist davantage ; mais do-resnavant alloit devers les archiers qui gardoient l'huis de la tour, delectant iceulx d'airs plaisancts, à celle fin qu'il peust veoir ung petit le prisonnier.

Ung jour qu'il estoit en

[lxxiv]

ceste pensée au bas de la tour, chanta le roy Richard le premier verset d'une chanson qu'avoit faicte le dict roy ensemble avecques Blondiaus, c'est à sçavoir iceluy :

L'esglantine son bouton perce
Descuevrant ses blanches couleurs ;
La terre vest sa robe perse
Et son plaisant mantel de fleurs.
Emmy les champs et la saulsaye,
Emmy buissons et boyz raméz,
A jargonner l'oisel essaye
Et semble dire : Amez, amez.

Et le roy chantoit très

[lxxv]

bien. Incontinent Blondiaus
print sa vielle et viellant l'air
qui estoit beau et bien faict,
et avoit esté composé par le
roy Richard , il chanta le
deuxiesme verset de la chan-
son , lequel s'ensuyt :

Au renouviau , mon cuer a joie
Qu'hyver ayt fait son partement ,
Et que l'iau coule et se reploie
En le préel accortement ;
Ains suis moult dolent que ma mie ,
Ma mie aux attraits reclame; ,
Au renouviau , n'ecoute mie
L'oisel qui dit : Ame; , ame;.

AU lendemain Blondiaus celant sa joie en son cueur, vint devers le chastelain qui s'esbattoit en son vergier et s'agenouillant devant luy, il luy dist : Beau Sire, s'il plaist à vous, je m'en iray volontiers en mon bon pays de Beauvoisis, je vous prie que m'en bailliez congé.

A ce, le chastelain fut moult esbahy, et dist : Qu'est-ce, messire Menestrier? estesvous ainsy que oiseaulx lesquels estant respus de vivres et nourriture en ung lieu s'enfuyent en ung aultre ?

OH ! nenni, gentil Sire, fist Blondiaus ; mais ma mère est de grant aage, et vouldroye bien la veoir avant qu'elle allast de vie à mort, et se mist à plorer Blondiaus moult larmes.

LOrs le chastelain luy

[lxxviij]

bailla congé de retourner en son pays de Beauvoisis, et se partist Blondiaus en Angleterre par devers madame la royne Alienor, la mère au roy Richard, et luy dist la chastellenie où son filz estoit en prison. Lors amassa la royne or et argent en grant habundance comme cent mille marcs de fin argent au poids de Cologne, et les envoya à raençon au duc d'Austriche pour son filz delivrer de prison.

ADoncques yssit de prison le roy Richard à celle condition que oncques il ne s'armeroit contre le duc d'Austriche, et tant chevaulcha qu'il vint en la ville d'Arras, où estoit retourné Blondiaus, lequel fut accollé et baisé tendrement par le roy Richard. Puis vindrent tous deux à Anvers, où entrerent en une nef et vindrent en la cité de Londres, où reçeu fut le roy Richard par sa mère et ses barons, qui

[lxxx]
jà plus ne cuydoient le reveoir
et furent tous moult esjouys
de sa venue.

Cy fine le Roumans de Blon-
diaus de Nesle.

Le Légat fiert le Comte Raymond
et ce pendant les moynes chantent
le pseaulme miserere.

A très horrificque et recreative hystoire, composée par maistre Jacques Gondar Clerc, des faicts, gestes, prouesses et trespas de Messire Robert de Castelnau, dont le bruyt est espandu par toute la chrestienté. Ensemble le trespas de Pierre de Castelnau, son oncle, la guerre contre les

[lxxxij]
damnés Albigeois, le siège de
Beziers et aultres mer-
veilleuses advantures
qui de son vivant
sont surve-
nues en la
comté de
Thou-
lou-
se.

EN l'an de la resurection de nostre Seigneur mcxcij, au temps et regne de Phelippe le roy de France, filz à Loys le septiesme d'iceluy nom, roy de France, tenoit la comté de Thoulouse Raymond, lequel estoit appert chevalier et avoit en Espaigne moult grevé payens et Sarrazins ; mais n'avoit cure de l'Eglise de nostre Seigneur

[lxxxiv]

De qui tous biens viennent, en
telle sorte que Boulgres et Al-
bigeois venoient de toutes parts
en sa comté, et s'y tenoient à
grant planté.

Ce voyant nostre benoist
père le Pape, c'est à sçavoir
Innocent III envoya en ce
pays prescheurs à gros nombre
pour héréticques convertir ;
mais point ne furent escoutés
et partout maulvaisement fu-
rent receus et honnis.

LOrs le sainct Père ses
legats envoya en la comté de
Thoulouse pour excomunier
tous ceulx qui point n'estoient
en le giron de la saincte Eglise
de nostre Seigneur, ceulx qui
leur bailloient ayde et secours,
et en especial le comte Ray-
mond, pour ce qu'il n'avoit mie
bouté hors de sa comté les dam-
nés Albigeois, de ce faire ayant
esté semond par les prescheurs.

Ung des legats du sainct

Père, qui nom avoit Pierre, et avoit prins naissance à Castelnau, vint à Thoulouse avecques Robert, son nepveu, aagé quasi de vingt ans, et incontinent manda à l'evesque et aux prestres qu'au lendemain ils vinssissent en l'église Sainct-Surnyn, à celle fin qu'ils celebrassent la saincte messe avecques luy, et ouyssent la volonté du Pape.

Ce firent l'evesque et les prestres, et au lendemain fut

[lxxxvij]

celebrée la saincte messe, tout
le clergié ayant cierge au poing.
A l'ite missa est, Pierre de
Castelnau fist : de par nostre
benoist père le Pape et la
saincte Eglise de nostre Sei-
gneur, je, Pierre de Castelnau,
declaire le comte Raymond
atteinct et convaincu de sacri-
lège, heresie, felonie et par-
jure, et pour ce, excommunie
luy et consorts.

LOrs l'evesque ensemble
avecques les prestres baissa

i.

son cierge en terre en cryant anatheme et malediction, et, pendant ce, les aultres qui estoient en l'eglise ploroient durement et se lamentoient piteusement avec force coups ferus en la cuysse et la poictrine.

TOut le jour pria Pierre de Castelnau, et après vespres yssit de la ville de Thoulouse ensemble avecques Robert son nepveu pour aller en la cité de Narbonne. La nuyt quasi close,

il vint emprès d'une chapelle-
nie, laquelle estoit sur le che-
min, et jà y entroit pour dire
ses Heures, lors huyt hommes
armés l'assaillirent et le na-
vrerent en maint endroit. In-
continent Robert print son
espée et se mist à ferir moult
valeureusement d'estoc et de
taille, en telle sorte qu'il occist
deux de ces maulvais hommes,
et ce voyant, les autres se
tournerent en fuyte.

LOrs Robert tant plora et

i..

crya que vint ung villain le-
quel print Pierre de Castelnau,
et le porta en sa chaumine, cuy-
dant qu'il fust mort. Mais bien-
tost Pierre ouvrit ses yeulx ung
petit et avisant Robert, il luy
dist : Beau nepveu, j'en mour-
ray certes ; va hors de ce pays
de Satan, va en la saincte ville
de Rome par devers nostre be-
noist père le Pape, compte luy
que j'ay esté meurtri en fai-
sant mon debvoir par ce trays-
tre et payen comte de Thou-
louse.

[xcj]

Et plus n'en dist mais,
car alla de ce siècle en l'aultre.

ADoncques Robert monta
sur son roussin, et tant che-
vaulcha qu'il vint en la saincte
ville de Rome par devers le
sainct Père, et luy compta
comment son oncle Pierre de
Castelnau avoit esté trays-
treusement occis, après qu'il
avoit excommunié le comte Ray-
mond. De ce fut le Pape moult
dolent, et dist à Robert : Mon

cher filz, retourne en ta contrée ensemble avecques mon legat, auquel obeiras en toutes choses, et prie desvotement nostre Seigneur qu'il luy plaise nous octroyer vie jusqu'à ce que ce traystre comte Raymond soit puni de sa felonie; m'est advis que ce temps n'est pas loing.

PEu de temps après partit Robert ensemble avecques le legat, lequel en tous les chasteaulx qu'il treuvoit en sa voye, preschoit croisade contre le

[xclij]

comte Raymond et les damnés Albigeois , et lors qu'iceluy avoit presché, Robert prenoit la parolle, et racomptoit avecques moult larmes plorées la malle mort de son oncle Pierre de Castelnau.

CE faisant, parcoururent Robert et le legat toute la France; et prindrent la croix Guillaume , arcevesque de Bourges, Robert, arcevesque de Rouen, Pierre, evesque de Sens , et aultres preslats;

[xciv]

Eudes, duc de Bourgongne;
les comtes de Metz, de Nevers,
et Simon, comte de Mont-
fort, lequel fut aussi preux
et vaillant que fut, au temps
jadis, Judas Machabeus, et
fut mis par le sainct Père à
la teste de la croisade.

LOrs revint Robert en sa
contrée à celle fin qu'il prin-
sist congé de sa mère et de sa
mie, laquelle Berengère estoit
nommée, et estoit fille au sire
de Monclar. Quant il fut ar-

rivé, il assembla souldars qui povoient estre nombrés à six vingt, et leur manda qu'ensemble avecques luy ils partiroient au lendemain. De ce furent moult dolentes sa mère et Berengère, lesquelles avoient esté tout d'abord esjouyes de sa venue.

ADoncques le lendemain, au matin, Robert vint par devers Berengère, et luy dist : Damoyselle, je vais guerre mener contre les mescréants et

[xcvj]

ennemys de nostre Seigneur ;
or, si m'aymez ung petit, jurez-
moi par le Corps-Dieu que me
garderez la foy que m'avez
baillée, et n'aurez nul aultre
que moy pour espoux tant qu'en
ceste vie seray.

JE vous le jure, Messire,
fist Berengère, et prieray tous
les jours Monseigneur Dieu
et tous les saincts qu'ils vous
fassent bientost de retour. Et
se mist la damoyselle à plorer.

[xcvij]

LOrs Robert print sa voye
à la teste de ses souldars
et vint en l'ost du comte de
Montfoet. Tantost qu'il fut
arrivé, il sçeut la nouvelle que
le comte Raymond, semond par
Milon le legat du Pape qu'il
comparust devant luy, estoit
venu et demanderoit le jour
mesme l'absolucion au dict
legat. Et ainsy fut faict : car,
devant que le prestre eust
recité l'Introïbo, le comte
Raymond, les pieds nus, en

k

chemise, ayant torche à son poing et corde à l'entour de son col et plorant à grans larmes, ferit l'huis de l'eglise Sainct-Gilles, et dist : Messeigneurs, je vous prie moult humblement qu'il vous plaise me recepvoir en la saincte Eglise de nostre Seigneur.

Le legat qui estoit dedans l'eglise, à la teste des prestres et moynes, la porte estant close, luy dist : Comte Raymond, que ferez pour cest honneur avoir ?

[xcix]

FEray la volonté de nostre
benoist père le Pape et la vostre,
respondist le comte Raymond.

AMen. Entrez, fist le
legat.

ET le comte entra en l'e-
glise, et ne s'arresta que de-
vant le sepulchre de Pierre de
Castelnau, qui en ceste eglise
avoit esté enterré. Lors le legat
print une verge et en ferit à
grans coups le comte Ray-

h.

mond , lequel larmoyoit si très fort que c'estoit grosse pitié à veoir, et ce durant prestres et moynes chantoient le pseaulme Miserere. Après ce, le comte ouyt desvotement la saincte messe , puis revint en son hostel.

LEs jours ensuyvans le comte Raymond print la croix et mena, avecques les preslats et seigneurs, croisade contre les damnés Albigeois, et planterent le siege devant Beziers. Le tiers

jour, Robert assaillit la ville
à la teste de ses souldars, et
jà estoit sur la muraille et y
fischoit son pennon, lors que
ceulx qui le suyvoient furent
desconfits et occis. Robert soy
voyant seul combattit une heure
durant, recitant une priere à
son oncle Pierre de Castelnau,
qu'il cuydoit estre martyr et
grant sainct, et fist voeu que,
s'il povoit eschever l'occision,
il s'enfermeroit pendant le res-
tant de sa vie en ung moustier.
Bientost il eut ung coup de

picque dedans le hault de la cuysse, et entra si avant que le bout rompit et demoura le fer et ung bout du fust dedans. Bien cuyda estre frappé à mort Robert et cheust en le fossé. Mais il en fut tiré hors hastivement par les varlets de l'ost, et, peu après la ville estant prinse, il fut porté en le moustier Saint-Aphrodise, en lequel estoient bons cyrurgiens. Illec fut sa playe bien pensée, et trois mois après il peust marcher et se pourmener

en le preau. Lors il alla par
devers l'abbé qui avoit nom
Jacques, et estoit ung puisné
de la maison de Crussol, luy
compta le voeu qu'il avoit faict
et le pria qu'il voulsist le re-
cepvoir moyne en son moustier.
A ce s'accorda l'abbé, et comme
Robert estoit jà clerc et sçavoit
moult de theologie, laquelle luy
avoit enseigné son oncle Pierre
de Castelnau, il fut peu de
temps après esleu prestre par
l'evesque de Beziers.

PEndant ce temps là, le sire d'Altignac, lequel estoit jeune et joli, et n'avoit pas encores prins femme en droict maryage, partit de son hostel avecques force escuyers, faulcons, chiens et engins pour la chasse, et en tous les chasteaulx de la contrée s'arrestoit et estoit reçeu et festoyé liement et à grant honneur, pour ce qu'il estoit riche d'avoir et bien congneu en le pays; et quelques mois après, il retourna en son hostel

[cv]

ès Beziers, amenant avecques luy une damoyselle, laquelle estoit sa fiancée, ensemble et le père d'icelle, et ce, pour qu'aux nopces et tournoyemens qui s'ensuyvroient peussent estre presens le comte de Montfort et les aultres cappitaines de la croisade.

Au lendemain il alla en l'eglise Sainct-Aphrodise avecques sa fiancée, eulx estant suyvis de leurs parents, amys et de tous les haults seigneurs

du pays à celle fin qu'il ouyst
la saincte messe et reçeust la
benediction nupciale, et estoit
le dict sire d'Altignac vestu
d'un surcot de camelot pers
fourré de menu vair et soube-
line et avoit le tiers noeud du
tiers doigt Sainct-Jehan en
une mignonne boëte d'or fin
oeuvré en telle façon que c'es-
toit merveille à veoir, laquelle
estoit appendue à son col par
une chaisne d'or. La damoy-
selle avoit ung chapel de sa-
mys empennaché d'une penne

de heron et ung corps de veloux
lequel estoit bel et de grant
prix, et jupe armoriée aux
armes du sire d'Altignac et
aux siennes, c'est à sçavoir
celles du sire à dextre et les
siennes à senestre.

En ce jour estoit grant
froidure et plouinoit, et l'abbé
qui malade estoit manda à Ro-
bert qu'il vinsist chanter la
saincte messe en sa place. Ce
fist Robert et chanta la saincte
messe moult desvotement. Lors

que le temps vint de bailler aux fiancés le corps Dieu, la damoyselle leva la teste, et Robert recongnoissant Berengère sa mie, la fille au sire de Monclar, fut si très fort esbahy qu'il faillit laisser cheoir l'hostie qu'il tenoit en ses mains; mais ne fut-il mie recongneu par Berengère. Adoncques il fina la saincte messe, et, après ce, marya la dicte Berengère au sire d'Altignac, cuydant qu'à ce elle estoit contraincte par son père; mais

[cix]

lors que luy demanda Robert,
à sçavoir si elle vouloit avoir
pour mary le sire d'Altignac,
elle fist sans s'esmouvoir :
Ouy, certes, je le veuil. Lors
Robert bailla aux espoux leurs
anneaulx, lesquels estoient de
fin or et argent, puis la be-
nediction nupciale, et revint en
sa closette dedans le moustier,
et la nuyt jà close, il en yssit
et plus n'y revint.

CEpendant s'apprestoient
en la place de Beziers joustes

et tournoyemens, et escus à foison reluisoient appendus aux murailles du moustier Sainct-Aphrodise. Ung trompette, vestu d'ung surcot armorié aux armes du sire d'Altignac, cryoit par la ville : Jacques sire d'Altignac à tous faict sçavoir qu'au vingtiesme jour de juin, en la place de Beziers, il fera contre tout venant trois coups de lance, à fer esmoulu et en harnois de guerre, et douze coups d'espée, le tout à cheval ; et au mieulx faisant baillera le dict sire ung brasselet de fin or esmaillé de sa livrée et du prix de cinquante escus. Le lendemain, sera combattu à pied, à coups de lance, et, après la lance rompue, à coups de hache jusqu'à la discretion de ceulx qui garderont le camp; et au mieulx faisant baillera le dict sire d'Altignac ung dyament du prix de cent escus.

BIentost la carriere fut ouverte, et chevaliers et escuyers en grant arroy entrerent dedans icelle, et se misrent à courre à l'entour des eschaffauts, lesquels estoient plains de dames et damoyselles au corps gent et joli, et tant gorgiases que c'estoit une droicte fayerie. Puis les deux espoux vindrent, et les joustes commencerent.

LE sire d'Altignac entra le premier dedans la carriere et avoit une manchette de dame faicte d'ung delié volet moult

[cxiij]

gentement brodé, attachée à son bras senestre, à une aiguilette noire et perse richement aornée de perles et dyamens; et, ayant mis sa lance en arrest, il vint de course à l'encontre du comte de Metz, et le ferit tant asprement qu'il luy fist vuyder ses arçons.

CEste besongne faicte, vint en la carriere ung chevalier portant sur son escu clef d'or en ung champ d'azur et ayant la veue de son heaulme baissée

sur sa face, il saillit à l'en-
contre du sire d'Altignac. Lors
ensemble tous deux picquent
leurs chevaulx et ruent l'ung
sur l'aultre et s'entrefierent en
telle force que leurs lances
volent en esclats. Après ce,
ils tirerent leurs espées, et,
après mainte prouesse, le che-
valier à la clef d'or ferit le
sire d'Altignac au deffault de
son haulbert et l'occit inconti-
nent. Lors tous les tenans vin-
drent de course contre le che-
valier en cryant à grant noise

[cxv]

et huée qu'il avoit villainne-
ment poussé, qu'il se desheaul-
mast et se mist à la mercy des
juges du camp. Mais à ce point
ne voulut icelluy s'accorder :
lors tous les chevaliers et es-
cuyers l'assaillirent ensemble
et fut feru le chevalier à la clef
d'or d'ung rude coup de glaive
en la poictrine dont il fut percé
d'oultre en oultre, et en mesme
temps fut desheaulmé. Lors tous
recullerent hastivement en ar-
riere, avisant son chef, lequel
estoit tonsuré comme chef de

[cxvj]

moyne ou prestre. Ce pendant
ouyt-on bruyre emmy les es-
chaffauts grant espovente, et
Berengère se pasma quant l'e-
vesque de Beziers fist : Sire
Dieu, ayez de nous mercy; c'est
Robert le moyne du moustier
Sainct-Aphrodise.

Cy fine la très horrificque et
recreative hystoire de mes-
sire Robert de Castelnau.

L'Ensuyt la très plaisancte hystoire, composée par maistre Jacques Gondar Clerc, de messire Foulques de Chenas, lequel se marya à Isabeau, la fille à son seigneur-lige le chastelain de Vinzelles ès Masconnois.

Urant le temps et regne du roy Jehan, vivoit messire Foulques de Chenas, dont je veuil doresnavant compter les advantures. Estoit le dit Foulques damoysel au chastelain de Vinzelles, qui moult estoit grant seigneur et riche d'avoir et avoit engendré une fille de nom Isabeau, laquelle neant-

moins qu'elle fust encores pe-
tite, jà monstroit bien qu'à la
fleur de son aage, elle seroit
tant belle que ce seroit mer-
veille à veoir.

OR le jeune damoysel estoit
tousjours avecques Isabeau,
s'esbattant avecques elle en la
court et en le vergier, la suy-
vant lors qu'elle se pourmenoit
en la chastellenie de son père,
et faisoit toutes choses volon-
tiers sans attendre qu'il en fust
requis par icelle, et estoit aymé

moult affectueusement par la damoyselle.

CE faisant, tant creust Foulques, qu'il vint en l'aage de douze ans, et estoit esveillé comme ung esmerillon, et si saige et si subtil que chascun s'esmerveilloit de son sens. Adoncques ung jour le chastelain de Vinzelles le manda par devers luy, et luy dist :

FOulques, tu es jà en l'aage de douze ans, tu peux conquerre honneur et los : or sus, aye tousjours remembrance du lignaige dont es yssu et ne forligne pas. Demain te feray escuyer, puis te bailleray chevaulx et harnois, et iras avecques le sire de Chastillon, mon cousin, par devers le roy Jehan qui guerroye contre les Anglois. Foulques, aye remembrance que Enguerrand de Chenas ton père fut par eulx traystreusement occis.

MOnseigneur, ainsy fe-

[cxxiij]

ray, respondist Foulques, et vint en la chapellenie de Vin- zelles à celle fin qu'il s'appres- tast à estre faict escuyer, ce dont il estoit en grant joie.

DEmoura Foulques, pen- dant toute la nuyt, en l'eglise, et au lendemain fut faict es- cuyer par le chastelain de Vinzelles, lequel estoit de si grant vaillance que ne sçay mie qui oncques le fut plus.

DEux jours après, print

11.

[cxxiv]

Foulques sa voye et chevaulcha
durant tout le jour jusques aux
vespres qu'il vint gesir au
chastel où estoit le sire de
Chastillon; mais, chemin fai-
sant, ploroit durement pour
ce qu'il luy falloit laisser
Isabeau sa mie, la fille à son
seigneur, et d'aultre part fai-
soit Isabeau tel deuil, qu'il
sembloit qu'elle se deust mou-
rir de la douleur qu'elle avoit
pour ce qu'elle voyoit Foul-
ques, son bel ami, se departir
d'elle.

[CXXV]

FUt receu Foulques par le sire de Chastillon à grant bonté, et vindrent ensemble avecques une compaignie de cent gens d'armes à grant arroy en la ville de Chartres, où jà estoit le roy Jehan, lequel assembloit très grant armée pour guerroyer contre les Anglois, lesquels conduisoit le prince de Galles, le filz aisné au roy Edoard.

OR avoit le dict prince

passé la mer et estoit entré en Picardie et en Champaigne en ardant et gastant le pays, puis avoit prins sa voye droict en Gascongne. Lors luy manda le roy Jehan bataille, mais moult se doubta le prince qui tousjours chevaulcha vers Guienne. Pourtant le poursuyt le roy tant qu'entre Poictiers et Chauvigny l'arresta. Quant le prince apperçeut que la bataille ne povoit eschever, il envoya devers le roy pour traictier et se partir sans ba-

taille, et fist offrir rendre au
roy tous les chasteaulx qui de
par les Anglois estoient tenus
en le royaulme de France et
cent mille francs. Maint con-
seil ouyt le roy et finablement
toutes les offres du prince ref-
fusa : ce dont mal advint à luy
et à sa gent ; car estant entré
lendemain au matin en la ba-
taille, sa chevalerie fut desem-
perée et desconfite, et fut le
roy Jehan prins ensemble et
son filz Phelippe, lequel fut
preux et vaillant, et point

[cxxviij]

n'imita la couardise de ses frères, qui s'enfuyrent dès le commencement.

En cette bataille fut aussi prins Foulques de Chenas, et fut emmené avecques le roy Jehan en la ville de Bourdeaulx, et fut traictié moult courtoisement comme il convenoit faire à preux et vaillant chevalier.

Deux mois après, vint le prince de Galles en Angleterre, et entra à grant triumphe en la ville de Londres avecques ses prisonniers, enmy lesquels estoit Foulques de Chenas, lequel demoura en la dicte ville durant quatre ans, n'estant mie assez riche d'avoir pour soy delivrer de prison par raençon.

CE pendant Isabeau croissoit et devenoit si belle de jour en jour que c'estoit merveille. Adoncques vint le sire de Chintré en la chastellenie de Vinzelles, et honorablement y

[cxxx]

fut reçeu et festoyé. En avisant
la pucelle, qui tant belle estoit,
il s'enamoura d'icelle et de-
manda au chastelain qu'il la
la luy baillast pour estre sa
femme. A ce s'accorda le chas-
telain, et non obstant que Isa-
beau n'aymast mie aulcune-
ment le sire de Chintré, ils
furent fiancés l'ung à l'aultre.
Mais laissons les ung petit,
et revenons à Foulques.

Ung jour manda le prince
de Galles le dict Foulques, et

[cxxxj]

luy dist : Beau damoysel, n'es-
tu pas desirant de retourner en
ton pays ?

LOrs Foulques se mist à
plorer fort et ferme et dist :

LE vouldroye voirement,
Monseigneur, mais suis trop
povre escuyer pour povoir onc-
ques vous payer raençon, et
de ce moult me poise, car ay
laissé en France Isabeau ma
mie, la fille à mon seigneur,
et ay grant paour que ne me

[cxxxij]

voyant mie, plus elle n'aye de
moy souvenance.

ET se mist Foulques à
plorer de rechef.

LOrs fist le prince de
Galles : Foulques, je t'ay veu
en la bataille de Poictiers, tu
as faict prouesses; or te delivre
de prison, et demain te feray
chevalier, à celle condition que
d'ung an ne t'armeras mie
contre moy ne ma gent.

[cxxxiij]

ET de ce fut Foulques en grant joie et mercya le prince qui luy faisoit si grans biens. Au lendemain il fut faict chevalier par icelluy, et c'estoit grant honneur, car oncques de mère ne fut prince de si haulte vaillance. Après ce, se partist Foulques, et tant chevaulcha nuyt et jour qu'il vint en le chastel de Vinzelles.

TAntost que Foulques fut arrivé, luy fut rapporté que

o

[cxxxiv]

Isabeau estoit fiancée au sire
de Chintré ; mais point ne creut
Foulques à cette nouvelle, et
alla devers la damoyselle qui
fut moult esbahye en le voyant.
Foulques la salua moult hum-
blement et luy dist : Ma dame,
est-ce vray que monseigneur
vostre père vous a baillé pour
mary le sire de Chintré, qui
jà est vieil ?

Il est vray, respondist la
damoyselle, et plus n'en dist
mais, car elle estoit marrye de

s'estre accordé à ce. Lors s'en alla Foulques en le vergier, et se mist à plorer pour ce que ceste nouvelle l'avoit rudement grevé.

PEndant ce temps là vint en le vergier le sire de Chintré, et s'approuchant de Foulques, il luy dist : Beau sire, pour quoi cryez ainsy que femme en gesine ?

DE cecy ne vous chault, respondist Foulques.

[cxxxvj]

LOrs le sire de Chintré
courroucé l'appella villain, et
luy gecta son gant en la face.
Foulques print son espée et
alloit ferir le sire, lors qu'icel-
luy s'enfuyt appellant son es-
cuyer à son ayde.

AU lendemain, le chaste-
lain de Vinzelles manda à Foul-
ques qu'il vinsist devers luy.
Quant Foulques fut venu, le
chastelain luy dist : Au jour
d'hier n'avez pas faict prouesse.

[cxxxvij]

M'est advis qu'avez voulu ferir
de vostre espée mon hoste le
sire de Chintré.

Il est vray, fist Foulques;
mais il m'a honni m'appellant
villain, et m'a gecté son gant
en la face. Au demourant, luy
bailleray six fers de glaive, s'il
m'en requiert, car suis cheva-
lier, et mon lignaige vault bien
celluy de ce couard.

Ferez ce que vouldrez, fist
le chastelain, mais je vous

bonte hors de ma chastellenie.

ADoncques alla Foulques querir son cheval et son harnois, et voyant Isabeau qui s'esbattoit en la court, il luy dist : Dieu vous gart, Madame, plus ne me reverrez dedans la chastellenie de monseigneur vostre père, qu'ay tousjours loyaulment servi; peut-estre aussi que plus ne reverrez le sire de Chintré, vostre doulx amy, car m'est advis que, nonobstant sa couar-

[cxxxix]

dise, il passera par mes mains.

LOrs monta Foulques à cheval et yssit hors du chastel.

CE pendant le sire de Chintré estoit revenu en son chastel en grant paour d'estre destruyt par Foulques. Or est-il maintenant à propos d'enseigner au benin lecteur quel estoit le caractère au dict sire de Chintré : il estoit couard, cruel, plus avaricieux que juif, et finablement si pail-

[cxl]

lard qu'il n'estoit fille de villain en sa chastellenie à qui il n'eust tollu de gré ou de force le doulx nom de pucelle.

Ung peu de temps après se fist en le villaige de Chintré la nopce d'un villain avecques la fille à ung aultre villain. La nopce faicte, le sire de Chintré requist son droit de nopçage; mais la femme au villain ne voulut mie faire telle villainie de son corps, et s'enfuyt en l'eglise. Lors le sire attendist

[cxlj]

la nuyt et fist si bien que ses ar-
chiers apprehenderent au corps
icelle et l'amenerent au sire,
et, ce faisant, penserent occire
le villain, qui vouloit deffen-
dre sa femme.

LOrs le villain, qui nom
avoit Guillaume, voyant soy
navré et sçachant que sa femme
seroit honnie, fut moult dolent
et courroucé, et trois jours
après alla en une forest bien
noire en laquelle alloit s'es-
battre la nuyt jà close le dyable

[cxlij]

et consorts. Lors il leut dedans
ung petit livre qu'ung nigro-
mant luy avoit baillé et crya
par trois fois : Ha! ha! Mes-
sire dyable, je vous semonds
de par Mahom et Merlin que
veniez à mon ayde.

LOrs advint chose tant mer-
veilleuse que oncques pareille
ne fut veue. Guillaume veit
venir ung geant, lequel avoit
ung plumail rouge à son cha-
peron, et portoit une hache
appendue à son col. Aulcuns di-

[cxliij]

sent qu'aussi avoit cornes au front, griffes aux pattes et queue comme regnard. Guillaume l'avisant eut si grant paour qu'il vouloit s'enfuyr; ains le geant l'en empescha, luy disant : Demoure : pour quoi m'as-tu appellé ?

Guillaume, tremblant comme feuille, respondist : Monseigneur, je vous prie que m'octroyiez mercy. Le sire de Chintré m'a prins ma femme, et, à l'heure qu'il est, elle est

[cxliv]

honnie, et ses archiers m'ont feru avecques leurs arcs.

QUe requiers-tu de moy ? fist le geant.

VOus prie, fist Guillaume, que ma femme me soit rendue pucelle, et que le sire meure de malle mort pour qu'il arde ès enfers.

AInsy sera faict, dist le geant : jure foy et hommage à moy et à ma gent, laquelle tu

[cxlv]

serviras loyaulment de corps,
ame et chevance, lors que par
moy de ce seras requis.

JE jure foy et hommage à
vous et à vostre gent, que ser-
viray loyaulment de corps, ame
et chevance, fist Guillaume.

AU lendemain yssit le sire
de Chintré hors de son chastel
avecques son escuyer et ses
varlets pour aller s'esbattre
en la mesme forest. Mais plus
n'en revint ne aulcun de ceulx

[cxlvj]

qui estoient ensemble avecques
luy. Lors le senechal de Chin-
tré le fist querir, et fut treuvé
le sire meurtri, son chef estant
coupé, et estoient à l'entour de
luy son escuyer et ses varlets
tous occis.

DE ce fut moult dolent le
senechal, qui estoit aussi maul-
vais que son maistre, et fist
cryer en tout le villaige que,
si n'estoit treuvé mie icelluy
qui avoit occis son seigneur,
la tierce part des villains seroit

pendue : mais de nul icelluy n'estoit congneu aulcunement, et alloient estre pendus trois jours après, lors que la nouvelle en vint au chastel de Vinzelles, dont le chastelain fut moult dolent, et Isabeau mena si grant deuil que son père la requist qu'elle luy dist son deuil; mais point elle ne voulut le dire. Lors son père cuyda qu'elle ploroit pour ce qu'elle avoit perdu son fiancé.

LE deuxiesme jour Isabeau

[cxlviij]

plorant de rechef plus fort,
print parchemin et escripvit
cecy au senechal du defunct
le sire de Chintré :

A Messire Hugues le se-
nechal au sire de Chintré,
Isabeau, damoyselle de Vin-
zelles, salut :

Ie sçay que le sire de
Chintré a esté traystreusement
occis, et de ce moult me poise.
Ne grevez pas mais les villains;
m'est advis que Foulques de

[cxlix]

Chenas seul a faict ce meurtre.
Sur ce, Messire, je prie Dieu
qu'il vous aye en sa saincte et
digne garde. Amen.

Ce faict, Isabeau scella
l'epistre de son scel, et appel-
lant ung varlet elle luy dist:
Tiens, Jehan, va viste en le
chastel de Chintré, bailleras
ceste epistre à Hugues le sene-
chal. Ce fist le varlet, et vint
en le chastel de Chintré en le
temps que le sire estoit porté
en terre, et bailla l'epistre au

[cl]

senechal, lequel la leut et fut
en grant joie. Lors fist le se-
nechal armer ses gens d'armes
à grant nombre, et jura qu'il
chevaulcheroit tant qu'il auroit
treuvé Foulques de Chenas.

LE tiers jours après, il
veit Foulques qui sortoit, luy
deuxiesme, du chastel du sire
de Chastillon. Lors fist le se-
nechal une partie de ses com-
paignons embuscher en ung bois
qui estoit le long de la route,
et luy et le reste se tindrent

en maniere de gens travailliés.
Quant passa Foulques, ils
l'assaillirent moult asprement
et occirent son compaignon. Ce
pendant Foulques de grant
prouesse courut sur le senechal
et sa gent, et nonobstant que
seul il fust à l'encontre de cent
gens d'armes, moult peu de
compte en tint, et en occit
plusieurs. Mais bientost il fut
conquis et emmené en la chas-
tellenie de Chintré, où on luy
manda qu'au lendemain il se-
roit pendu par son col pour
avoir occis le sire de Chintré.

[clij]

Foulques faisoit piteuses la-
mentations, disant que point il
n'avoit faict tel peché, mais
nul ne le vouloit entendre.

Au lendemain fut amené
Foulques en la grant place de
Chintré, devant l'eglise, par
le senechal et ses archiers, et
jà avoit le hart au col lors qu'on
ouyt bruyt espoventable. Ung
homme, ayant plumail rouge à
son chaperon et hache au poing,
s'apparust suyvi de Guillau-
me, de gens d'armes et de vil-
lains, rua sur le senechal et

[cliij]

ses souldars, Foulques delivra
de ses liens, luy bailla un glaive
et desconfist le senechal et ses
gens d'armes. Puis entra en le
chastel, lequel fut excillé et ars.

CEste besongne faicte, se
rebellerent les villains de Vin-
zelles, et, allyés à ceulx de
Chintré, planterent le siège
devant le chastel de Vinzelles
et le prindrent. Lors l'homme
au plumail rouge, c'est à sça-
voir le Loup-Garou, y entra,
et, avisant Isabeau en une
closette, il s'apprestoit à la

[cliv]

prendre à force et à en faire
sa volonté, lors que, par ad-
vanture, illec arriva Foulques,
lequel voyant le Coup-Garou
en telle envie, luy dist : Va-t-
en, malle creature plain du
dyable, qui oncques bien ne fis,
laisse ceste pucelle, sinon je
jure par le chef saint Jehan que
mal t'en adviendra.

TRuand, que le feu sainct
Antoine t'arde, fist le Coup-
Garou, filz de Mahom, retire-
toi, ou ton chef ne tiendra pas
mieulx sur tes espaulles que

celluy au sire de Chintré, car
je l'ay occis et te occiray aussi
de mesme.

Sur ce, Foulques tira son
espée et meurtrit le Loup-Ga-
rou. En mesme temps le sire
de Chastillon arriva avecques
sa chevalerie pour porter se-
cours au chastelain contre les
villains, lesquels finablement
furent tous conquis et au jour
mesme pendus en la place de
Vinzelles.

Quelque temps après ce,

[clvj]

le chastelain de Vinzelles, vou-
lant Foulques guerdonner pour
l'honneur et la vie d'Isabeau
qu'icelluy Foulques avoit faict
saufs, et sçachant qu'icelle il
aymoit d'amour, la luy bailla
à femme. Ce que Foulques tint
à grant honneur, et dont il eut
grant joie.

Cy fine la très plaisancte hys-
toire de messire Foulques de
Chenas, lequel se marya à
Isabeau, la fille à son sei-
gneur-lige, le chastelain de
Vinzelles ès Masconnois.

[clvij]

Cy finent les très plai-
sanctes et très recreatives chro-
nicques composées par maistre
Jacques Gondar Clerc, nou-
vellement imprimées, à Paris,
par Firmin Didot, pour Loys
Janet, libraire juré en l'Uni-
versité de Paris, tenant sa
bouticque en la rue Sainct
Jacques, vis-à-vis le cloistre
des Mathurins, à l'enseigne
du Chef Sainct Jehan.

9

NOTES

ET

ÉCLAIRCISSEMENTS.

Le manuscrit que nous avons cru digne d'être mis au jour avec tout le luxe de la typographie et de la peinture, a été trouvé dans un lot de vieux parchemins et de livres de rebut.

Il forme un volume petit in-4°, couvert d'un velours rouge usé et déchiré en plusieurs endroits. Il a

120 feuillets non chiffrés, et son écriture à longues lignes est une grosse gothique du milieu du XVe siècle. Outre les chroniques que la presse a reproduites ici pour la première fois, il y a à la fin du volume des prières que nous n'avons pas cru devoir lui confier. Ce manuscrit, que nous avons tout lieu de croire original, porte sur le dernier feuillet des vers écrits de la même main que celle qui a tracé l'écriture qui règne dans le corps du volume, les voici :

Sire, vous prie, et les aultres lecteurs,
Que vous soyez gracieux correcteurs,

(3)

Pour elever ung meilleur edifice,
Qui sera faict de plus grant artifice.

Et plus bas d'une autre main
dont l'écriture a une ressemblance
parfaite avec celle de François Ier :

A maistre Jacques Gondar Clerc.

O grant Clerc m'est advis que seras eternel
Autant que Plutarchus ou Jehan Clopinel (1)

Nous avons copié textuellement
le manuscrit avec ses légères varia-

(1) Jehan de Meung, un des auteurs
du roman de la Rose, surnommé ainsi
parce qu'il était boiteux.

1.

(4)

tions d'orthographe, à l'égard des-
quelles nous n'avons cru devoir nous
permettre ni rectifications, ni chan-
gements ; seulement nous avons,
pour la commodité des lecteurs et
principalement des lectrices, déve-
loppé les mots que des abréviations
rendent inintelligibles pour tout au-
tre que pour un antiquaire.

PREMIÈRE CHRONIQUE.

PAGE xiv.

A la fin du repas on apporta vins,
pommes et gingembras.

On faisait au treizième siècle un

grand usage de gingembre confit, qu'on appelait *gingembras* ou pâte de roi. Voyez le roman du Châtelain de Coucy, Paris, Crapelet, 1829, v. 476.

Après disuer par grant soulas
Orent vin, pommes, gingembras.

PAGE XXXIX.

Le roy Richard d'Angleterre..... estoit si preux et si vaillant, qu'au jour d'huy, etc.

Cette même anecdocte est rapportée par Joinville à peu près dans les mêmes termes.

6

DEUXIÈME CHRONIQUE.

Jacques Gondar aurait confondu Blondeau ou Blondiaux, le ménestrel de Richard, avec le trouverre Blondiaux, si, suivant l'opinion de C. Fauchet, nous admettons qu'il y a eu deux poètes de ce nom.

Cette chronique ne se trouve nulle part imprimée ou manuscrite que je sache. Je le fais observer, parce que M. Michaud, dans son *Histoire des Croisades*, et M. Capefigue, dans son *Histoire de Philippe-Au-guste*, soi-disant *couronnée par l'In-*

stitut, ont dit qu'il existait à la
bibliothèque Royale parmi les ma-
nuscrits de Sorbonne, n° 454, un
roman ou chronique intitulé : *Blon-
deau*, long, si l'on en croit le pre-
mier, court, selon le dernier ; or il
n'y a à la bibliothèque Royale, ni
roman, ni chronique sur Blondiaux.
Ce que M. Michaud appelle une lon-
gue chronique, et ce que M. Cape-
figue a répété après lui sans se don-
ner la peine de vérifier son assertion,
n'est que le 9ᵉ chapitre très-court
d'une relation succincte des faits ar-
rivés dans la troisième croisade,
qui se trouve à la suite d'une chro-

nique de la prise de Jérusalem par
Godefroi de Bouillon, que précède
la suite du roman de Cléomadès.

PAGE lxvij.

Quant on a la morore, ou se muche, etc.

Il paraît que ces paroles sont his-
toriques, puisqu'elles se trouvent, à
une seule différence près, dans les
grandes chroniques de Saint-Denis à
l'an 1193.

PAGE lxxiv.

L'Œsglantine son bouton perce, etc.

Nous pensons que cette chanson

(9)

est de tradition, puisque, contre l'usage des chroniqueurs du XVe siècle, l'orthographe du temps y est religieusement conservée. Cependant Mills, *Addittional Notts of the History of the Crusades,* en rapporte une autre en langue provençale

TROISIÈME CHRONIQUE.

Nous espérions, en lisant cette chronique pour la première fois dans l'original, trouver quelque lumière sur l'assassinat de Pierre de Castelnau dont l'histoire accuse, mais avec les formes du doute, le malheureux comte de Toulouse : notre attente a été trompée, Jacques Gondar n'a pas su quel en était l'auteur; il n'a donc dû que rapporter l'opinion générale qui attribuait ce crime au comte Raymond. Au reste, nous ferons observer que nous nous sommes assurés nous-mêmes par de longues recherches que tous les faits historiques rapportés dans ce petit recueil de chroniques sont de la plus exacte vérité.

Pour que rien ne manquât à ce livre remarquable sous plus d'un rapport, une demoiselle d'un rare talent et d'une modestie encore plus grande a bien voulu composer pour la chanson de Blondiaux une musique que les amateurs sauront apprécier, et que l'on trouvera gravée à la fin de ce volume, qui est en outre enrichi de *Recherches sur le Style, et particulièrement sur celui des Chroniques* françaises du moyen âge, par M. Ch. Nodier.

FRANCISQUE MICHEL.

RECHERCHES

SUR

LE STYLE,

ET PARTICULIÈREMENT SUR CELUI

DES CHRONIQUES,

Par M. Ch. NODIER.

RECHERCHES

LE STYLE,

ET PARTICULIÈREMENT SUR CELUI

DES CHRONIQUES.

L'histoire d'une langue est à peu près celle de toutes les autres. Elle naît, elle vit, elle vieillit, elle meurt comme les hommes, comme les sociétés, comme les mondes. Sa durée, sa vitalité, ses modifications

2..

sont en raison de celles de la société particulière dont elle est l'expression. Chez les peuples condamnés à rester enfans, elle ne sort jamais de l'enfance. Chez les peuples décrépits, elle participe de leur honteuse et impuissante caducité. L'ignorance la condamne à une longévité stupide : les Chinois ont emprisonné la leur dans les langes de son berceau. Le despotisme et la corruption précipitent sa décadence, et à l'âge même de la force, elle subit l'affront des lisières. La destinée d'une nation est tracée dans son langage. Tant vaut la parole.

tant vaut le pays. Aux langues fixes la servitude, aux langues vivaces et conquérantes l'avenir. Si vous inscrivez le cercle de Popilius autour du langage, la pensée y est prise; elle n'a plus que faire dehors. Les dictionnaires convertis en loi sont le codicile des littératures. Dites à l'intelligence de l'homme de ne plus se mouvoir autour d'elle-même, de ne plus produire, de ne plus enfanter ses idées imprévues sous les formes imprévues qui leur sont propres; dites à sa chair, dites à ses os, à ses nerfs, à ses muscles, à ses tendons, de ne plus végéter, de ne plus croître, de ne plus se nourrir, de ne plus absorber les principes vivifians dont ils reçoivent leur vigueur élastique et leur flexibilité, de ne plus manifester, de ne plus répandre cette surabondance de vie qui les inonde ; ce sera exactement même chose. D'une part, voici la *Crusca*, voici l'Académie, la sotte grammaire, la critique puérile, la médiocrité routinière, voici le néant ; de l'autre, voici la gangrène, voici le sphacèle, voici la dissolution, voici la mort.

Notre langue est très-jeune encore. On ne s'en douteroit pas. Il y a mille

ans entre Homère et Plutarque. Il y
en a plus de quatre cents entre Ennius
et Quintilien. Il n'y a pas dix ans entre
Malherbe et la *Critique du Cid.* C'est
en 1656 que Pascal écrivoit le pre-
mier de l'excellente prose françoise
dans ses admirables *Provinciales.* On
l'a dit et redit. Trente-huit ans après,
la prose et les vers et la langue étoient
fixés en deux volumes *in-folio* avec
privilége du roi. On a promis les
siècles à cette langue, et elle a grandi
comme une génération. C'est une
singulière anomalie physiologique.
On lui a dit : « Vous en savez assez
« pour votre âge, trop peut-être.

« Vous parlez d'idées nouvelles ?
« Toutes les idées sont dans nos livres.
« Vous cherchez des mots pour les
« rendre ? Tous les mots sont dans
« notre dictionnaire. Évitez le vieux
« langage, il est barbare. Criez ana-
« thème sur le nouveau, il est sa-
« crilége. Les anciens obéissoient à
« l'usage. Bon pour les anciens. Ils
« n'avoient point d'académies. Obéis-
« sez à l'Académie. Hardiesse est té-
« mérité ; liberté, c'est licence ; ori-
« ginalité, c'est délire. Imitez, imitez
« toujours, et quand tout sera imité,
« imitez les imitateurs. Copiez, copiez
« encore, et quand tout sera copié,

« copiez les copistes. Surtout, ne
« vous avisez pas de sentir, de con-
« cevoir, d'inventer. Tout ce qui pou-
« voit s'inventer, on l'a inventé. On
« a inventé jusqu'à nous. Depuis
« qu'il y a une Académie, on n'invente
« plus. Nous n'inventons rien, et, ce-
« pendant, nous sommes l'Acadé-
« mie. » Mais qui a dit cela ? C'est
Faret, c'est la Mesnardière, c'est
Bois-Robert, c'est Cotin. Quelle
pitié !

Il est résulté de là ce qui devoit
en résulter inévitablement. A force
de remettre l'idée dans les mêmes
plis, on en a coupé la trame. Le lan-

gage a ressemblé à ces vêtemens pompeux de l'acteur tragique, dont le costumier a quelque droit de tirer vanité aux premières représentations, mais qui à force d'être mis à tous les rôles, finissent par devenir tout au plus bons à servir de souquenille aux goujats. Je fais grand cas d'un drame d'Euripide écrit par Racine. Je sais ce que vaut un dessin de Jules Romain traduit par le burin de Marc-Antoine ; mais quand la planche rase, fatiguée, usée par le jeu de la presse, ou bien gauchement retaillée, fouillée sans adresse et sans goût par un ou-

vrier barbare, ne me donne plus
qu'un barbouillage pâle et confus,
je l'envoie au chaudronnier. Voyez
ce qu'étoient devenus le mot, le
vers, la phrase, la période, l'image,
la pensée, le sentiment, à la fin du
dix-huitième siècle; voyez ce que la
littérature impériale en avoit fait.
La parole de l'homme n'étoit plus
qu'un bruit cadencé qui retentissoit
plus ou moins agréablement dans
votre oreille, mais qui ne passoit
jamais le tympan. Vous sortiez d'une
lecture ou d'une représentation
comme d'une ruche d'abeilles, l'at-
tention étourdie de je ne sais quel

bourdonnement monotone qui ne laissoit rien à l'intelligence. C'étoit cela; c'étoient des figures sans relief et sans couleur sur un canevas rompu. Si ces gens-là parvenoient à emboîter dans deux hémistiches, sans égard à la situation, aux temps, aux lieux, aux personnes, quelque vieillerie poétique ou morale qui ressembloit de loin à quelque chose, leur public étoit si étonné de voir apparoître en cinq actes ou en dix chants l'embryon d'une idée intelligible, qu'il crioit à s'époumoner au beau vers, au vers à effet, au vers du siècle. Un lieu commun de Pu-

blius Syrus, un rébus ampoulé de
Sénèque, deux grands niais de sub-
stantifs flanqués de deux épithètes
turgescentes , balancés entre eux
comme les termes d'une proposi-
tion arithmétique, c'étoit miracle.
Et puis il y avoit la périphrase, ou
l'art de noyer dans un verbiage so-
nore le mot d'une énigme diffuse et
embrouillée. Devinoit qui pouvoit.
Et puis il y avoit l'alliance ou la més-
alliance de mots, qui passoit en-
core pour une rare merveille; mais,
comme à la fin, les mots ne signi-
fioient plus rien, il importoit assez
peu comment ils fussent appareillés.

3.

Les expressions, la valeur conve-
nue, le signe représentatif de la pen-
sée, étoient, si l'on veut, polies et bril-
lantes, mais frustes et démonétisées,
comme de vieilles médailles sans
date, sans devise, sans exergue, sans
légende, sans tête, sans revers. Elles
attendoient le balancier et le coin.

Tout le monde sait que ce qui
constitue principalement l'esprit et
la physionomie d'une langue, ce
sont les archaïsmes, les idiotismes,
les vocables propres de cette langue,
ces locutions qui semblent être si-
multanément engendrées de la sub-
stance intellectuelle du pays avec

son génie et ses instiutions, et qui lui sont naturelles comme son sol, comme sa végétation, comme son climat. Or c'est là ce qu'on avoit eu grand soin de répudier d'abord de cet euphuïsme académique qu'on appeloit le beau style, de sorte que dans cette langue gallique, perfectionnée par des puristes et des phraseurs privilégiés, il n'y avoit rien de plus maussade et de plus inconvenant qu'un bon gallicisme. Il s'ensuivoit nécessairement que les génies indépendans qui s'étoient emparés, avec une naïve audace, des véritables ressources de l'idiome na-

tional, que ces oseurs étranges qui
s'étoient permis de dédaigner, pour
les formes ingénues, énergiques et
originales, pour les tours vifs et
clairs de notre noble langage, la pé-
riodicité compassée et les froides
bienséances d'un parlage de con-
vention, avoient dû vieillir en peu
d'années. Ai-je besoin de nommer
ces auteurs déja surannés au temps
de la régence, dont le mâle franc-
parler, l'éloquence robuste, le style
plein de nerf et de souplesse, de
verve et de candeur, de majesté
sans apprêts et de simplicité sans
bassesse, effraya si vite de ses libres

allures la délicatesse d'une littérature abâtardie ? C'étoit Molière, c'étoit La Fontaine, c'étoit Corneille. Le centième anniversaire de la mort de Corneille n'étoit pas sonné qu'il falloit lui accorder, comme aux atellanes de Rome et aux sirvantes du moyen âge, les honneurs du glossaire et des scholies, et que la plume de Voltaire se jouoit à relever ses solécismes et ses barbarismes, dans le commentaire le plus spirituel qui ait jamais été écrit. Les barbarismes de Corneille, grand Dieu !

Dans le style des jolis écrivains

du dix-huitième siècle, au contraire
(je ne parle pas ici de ceux qui sont
tout-à-fait hors de ligne, et qui de-
voient cet avantage de position au
pressentiment intime d'une nouvelle
époque littéraire et politique), il
n'y avoit réellement rien à repren-
dre. Il était pour cela trop soigné,
trop méticuleux, trop scrupuleuse-
ment grammatical, trop servilement
soumis au despotisme pédantesque
du dictionnaire et de la syntaxe. La
manie du néologisme faisoit bien
quelques progrès, et il ne peut pas
en être autrement quand les mots
vides et usés ont perdu leur valeur

primitive, mais c'étoit un néolo-
gisme sans invention, prétentieux,
maniéré, dépourvu d'idées et d'ana-
logies, comme ce jargon précieux
dont la comédie avoit fait justice un
siècle auparavant. Depuis Fonte-
nelle, depuis Marivaux, depuis
Boissy, depuis Moncrif, jusqu'aux
contes insipides de Marmontel, jus-
qu'à ses romans boursoufflés, jus-
qu'au galimatias redondant de
Thomas, jusqu'aux niaiseries mus-
quées de ce troupeau de rimeurs de
ruelles qu'on appeloit encore des
poètes en 1780, vous chercheriez
inutilement dans la phrase creuse

une pensée substantielle et vivante.
C'est je ne sais quoi de ténu, de fu-
gitif, d'insaisissable, qui échappe à
l'analyse et même à la perception,
une faconde inanimée dont la ca-
dence symétrique ne résonne pas
dans une seule des fibres du cœur,
le murmure monotone et vague de
ces ventilateurs sonores qui bruis-
sent à la merci de l'air, mais qui
n'éveillent aucune émotion réflé-
chie, parce qu'ils n'expriment au-
cun langage; un objet d'amère dé-
rision pour l'esprit et pour l'ame.
Soufflez sur le style le plus coloré,
le plus éblouissant de cette période,

il ne vous restera rien ou presque
rien, la pâle membrane de l'aile du
papillon quand vous avez fait voler
la poussière diaprée qui la colore,
la toile grossière et muette du pein-
tre sous ses pastels effacés, le *ven-
tus textilis* de Pétrone. Je dirai plus,
et pourquoi ne le dirois-je pas, puis-
que la critique a osé le dire dans le
dix - huitième siècle même? cette
malheureuse hypocrisie de la pa-
role, cette contagion académique
du petit, du faux, de l'affecté, a
corrompu dans leur source jus-
qu'aux productions des plus beaux
génies; dans Buffon, par l'excès de

la magnificence; dans Montesquieu, par l'abus de l'esprit. Ces raffinemens peuvent quelquefois tenir lieu de talent à la médiocrité; ils font tache dans le talent.

Il survint dans ce temps-là un de ces phénomènes qui précèdent à peu de distance le renouvellement des peuples. Un esprit d'investigation curieuse jusqu'à l'audace s'introduisit dans la partie pensante de la société, s'accrut, se déborda, envahit toutes les questions avec l'impétuosité d'un torrent, et souleva toutes les idées avec la puissance d'une tempête. Ce fut la philosophie du

dix - huitième siècle ; philosophie
sans principes, sans méthode, sans
discernement, sans conviction, sans
amour senti et raisonné de l'huma-
nité, sans perception distincte du
bien, et, pour la peindre d'un seul
trait, sans philosophie. Mais à force
de tout remuer, elle mit tout à dé-
couvert, jusqu'à la vérité, jusqu'aux
pensées intimes de l'homme ; et
quand la vérité fut à nu, quand la
pensée revint à surgir au milieu de
la confusion des mots, la parole
se retrouva. Le chaos avoit enfanté
une seconde fois le monde.

Alors il se forma un style qui n'a-

voit été appris ni sur les bancs, ni
dans les livres; qui n'étoit ni celui
de la cour, ni celui des salons, ni
celui de l'Académie; qui se passoit
du suffrage de Fréron comme de
l'aveu de Beauzée; un style de l'ame,
sobre d'ornemens, plein de choses,
valide, émancipé, viril. Jean-Jac-
ques Rousseau vint, et puis Dide-
rot, avec sa fougue mal ordonnée,
mais entraînante, et puis Bernardin
de Saint-Pierre, dont chaque inspi-
ration étoit un hymne à la nature,
et puis Mirabeau, dont la voix im-
pétueuse grondoit sur la tête des
grands comme la foudre de la li-

berté. Le théâtre, prostitué si long-
temps à des jeux efféminés, se ré-
veilla de ses fades langueurs, à ces
traits acérés, à ces saillies mordan-
tes de Beaumarchais, qui stimu-
loient dans notre civilisation avortée
le sentiment d'une vie presque
éteinte, qui cautérisoient avec du
feu les vieilles plaies de notre im-
bécile politique. Apre, incorrect,
inégal, mais véhément, passionné,
profond, presque sublime, Fabre-
d'Églantine produisit la comédie du
siècle, un chef-d'œuvre unique,
isolé, mais immortel. Le paysan du
Danube aussi n'avoit paru qu'une

fois au sénat. La licence d'une polé-
mique hardie, turbulente, effrénée
si l'on veut, suscita le génie, ali-
menta la verve fantasque et origi-
nale de Courrier. Avec lui la langue
rajeunie ne se souvint pas seule-
ment de Pascal; elle retourna s'ins-
pirer de la philosophie bouffonne
et du sage délire de Rabelais. Je ne
parle pas d'une époque intermé-
diaire dans cette époque impo-
sante et créatrice de notre histoire.
Elle est non-avenue pour la littéra-
ture; l'homme qui la remplit à lui
tout seul, persécuta, proscrivit la
pensée. La pensée se vengea de lui

en abandonnant sa gloire à cette harpie stupide et avare qui souille tout ce qu'elle touche, la louange mercenaire. Tant qu'il régna, il ne fut rien pour elle. Pour commencer à vivre par elle, il fallut qu'il finît de mourir. Son piédestal, c'est sa tombe.

On a beaucoup écrit contre la langue *inepte et barbare* des temps révolutionnaires, et je n'ai pas été un des derniers à sauter après les moutons de M. de La Harpe, le Dindenaut de la littérature académique, lorsque cette question nous étoit jetée, au profit d'un parti,

4..

avec toutes ses conséquences politi-
ques. La vérité du fait est que nous
n'y entendions pas un mot. Il n'est
pas difficile de prouver que ce lan-
gage étoit peu grammatical, peu lit-
téraire, peu classique, même quand
il étoit imposant et solennel. Les ré-
volutionnaires n'avoient rien à dé-
mêler avec la grammaire et l'art
oratoire, et plus leur langage s'é-
loignoit des formes arrêtées d'une
langue stationnaire, d'une langue
immobile, délicate jusqu'à la pusil-
lanimité, soigneuse jusqu'à l'afféte-
rie, cérémonieuse et servile jusqu'à
la bassesse, plus il s'approprioit aux

idées et aux choses du temps. Ce
langage fut ce qu'il étoit, parce
qu'il devoit être ainsi, parce qu'il
ne pouvoit pas être autrement. Son
agreste fierté, son incohérence tu-
multueuse et passionnée, son éner-
gie sauvage et brutale, sont, quoi
qu'on en dise, l'expression très-
convenable du mouvement orageux
des esprits dans ce grand cataclisme
des institutions anciennes. On ne
jette pas l'acte d'accusation d'une
monarchie de quatorze siècles dans
le moule pygmée d'un panégyrique
ou d'un discours de réception. L'é-
ruption d'un volcan ne ressemble

pas au bouquet d'un feu d'artifice.
Pour recommencer une nation, il
faut tout recommencer. Quand les
Péliades égorgèrent leur vieux père
pour le rajeunir, et livrèrent ses
lambeaux à l'action d'un feu magi-
que, elles n'épargnèrent pas ses vê-
temens.

Ce phénomène de palingénésie est,
au reste, un fait commun à toutes
les révolutions. Elles ont renouvelé
presque autant de langues que l'es-
prit de société en a fait. L'italien n'é-
toit qu'un bas-latin gothique amolli
par le roman, quand le Dante se leva
comme un colosse éternel sur les

ruines fumantes des guerres civiles. Le berceau de Shakspeare avoit été agité, ses langes avoient été trempés de sang par les discordes tragiques qui suivirent le schisme d'Henri VIII. Milton avoit vu le Pandæmonium au parlement. Il étoit assis sur l'aile de Satan au sacrifice de White-hall. Ce bouffon sublime de Rabelais est le premier-né de la réforme religieuse. Montaigne et de Thou écrivoient en présence de la ligue. Il n'y a pas jusqu'à la fronde, cette misérable révolte de corde et de paille, de couplets et de barricades, qui n'ait développé le profond esprit d'observation du cardinal de Retz et le scepticisme acrimonieux de Mézeray. L'auteur des *Provinciales* a pris un rang légitime parmi nos plus excellens écrivains. Sans les absurdes querelles du jansénisme, alors éminemment populaires, il n'auroit probablement laissé que la réputation d'un fou mélancolique. Et l'on voudroit que l'événement le plus mémorable de tous les âges eût passé sur nos têtes sans léguer d'autres souvenirs aux générations consternées, que des plaies qui saignent toujours; qu'il eût retourné notre sol jusque dans les fondemens de

la terre sans lui confier quelque
racine vivace et féconde! En vérité,
il faudroit être, pour croire cela,
bien aveugle d'ignorance et bien en-
tèté d'orgueil! Faites, faites des
contre-révolutions; écrivez des ma-
nifestes contre la pensée et contre
la parole; envoyez la raison publi-
que aux carrières; mettez l'esprit
humain aux ceps, et croyez qu'il ne
marchera plus! Il marche, il mar-
chera, il ira droit à son but, quel
qu'il soit! un abîme peut-être lais-
sant bien loin derrière lui les risibles
débris de sa chaîne, et vos règles
mesquines, et vos institutions baf-

fouées, et tous les jouets de votre civilisation d'enfans !

La langue françoise, ravivée et assouplie par la forte trempe des passions politiques, avoit donc retrouvé quelque chose de la verdeur et de l'alacrité de sa jeunesse. A un peuple pour qui Corneille étoit vieux, La Fontaine bas, et Molière grossier, il auroit fallu traduire Montaigne. L'abbé de Marsy avoit déja pris ce soin ridicule pour Rabelais. Ce peuple, à demi affranchi de ses pédagogues, parce que toutes les tyrannies s'en vont ensemble, osa tenter des études plus mâles.

La vétusté de ce grave langage qui rebutoit nos pères, fut un attrait de plus pour la génération qui s'élève avec une si rare aptitude et une si prodigieuse facilité d'investigation. Nous ne connoissions les chroniques, c'est-à-dire les titres sacramentels de notre famille politique, que par les rapsodies diffuses et insipides des historiographes royaux. Les femmes, les gens du monde, et les neuf dixièmes des savans brevetés, n'avoient pu goûter l'esprit de ces pages excellentes, imprégnées du plus pur parfum d'une antiquité poétique, que sous le bon plaisir du compilateur maussade qui les avoit traîtreusement délayées *en bon fran-çois ;* et le *bon françois,* c'étoit le style languissant, pâle, décharné, presque sans corps et sans vie, d'un gazetier ennuyé, l'intempérie de mots d'un Daniel, d'un Velly, d'un Villaret, d'un Garnier, d'un Moreau ; je ne sais quel cadavre d'histoire, lacéré, mutilé, livide, comme les lambeaux d'une étude d'anatomie, et sorti, tout souillé, tout informe, tout méconnoissable, des amphithéâtres de la Sorbonne et de la *morgue* des jésuitières. Un ouvrage très-spirituel, plus ingé-

mieux que solide, plus adroit que
hardi, mais qui étoit assez fort, as-
sez nouveau de formes, assez indé-
pendant de composition et de cou-
leur, pour fermer à jamais à son
auteur la porte des académies si la
clef de la pairie ne la lui avoit ou-
verte, révéla au vulgaire des lec-
teurs, les salons et la cour, une
partie du charme de ces délicieux
monumens de notre génie national,
dédaignés pendant des siècles de
foiblesse, d'égoïsme et d'insou-
ciance, comme les sublimes basili-
ques du moyen âge. Quelques cita-
tions des chroniqueurs, habilement

5.

encadrées dans un excellent style formé à leur école, inspirèrent le désir de les lire eux-mêmes, et ce tour de force qu'on n'auroit cru permis qu'à des études consciencieuses et sévères devint un jeu pour la mode. On s'étonna de trouver cette langue morte qui s'étoit appelée *le françois*, plus claire, plus logique, plus expressive, plus *françoise* mille fois que les harmonieux non-sens, que les amplifications rien-disantes des périodistes. On s'avisa de l'existence d'un peuple qui avoit tenu sa place sur la terre avec puissance quelques siècles avant les romans de Crébillon,

l'opéra-comique et l'Encyclopédie,
et dont l'histoire contemporaine,
animée, pittoresque, dramatique
comme lui, parloit éloquemment à
l'imagination et à la pensée. On ad-
mira dans Comines cette prud'hom-
mie sérieuse et douce, « qui sent son
« homme de bon lieu, élevé aux
« grandes affaires; » dans Joinville,
l'abandon gracieux du conteur, la
sincérité fidèle du témoin, la mo-
deste simplicité du héros; dans
Monstrelet, l'ingénuité d'un enfant
plus abondant que disert, qui rend
ses impressions comme il les a re-
çues, mais qui ne sait ni en calculer

5..

les effets, ni en déduire les consé-
quences; dans Froissard, une lan-
gue plus adulte, une verve plus ri-
che et plus inspirée, les hommes
avec leur physionomie, les époques
avec leurs mœurs et leurs passions,
tout un âge de poétiques merveilles,
tout *un grand drame à cent actes
divers*, avec son action, ses épiso-
des, ses mouvemens, ses péripéties;
les moines, les pélerins et les gens-
d'armes; les moûtiers, les tournois
et les fètes; les manoirs et les châ-
telaines; les batailles et les paladins,
et ces grands coups d'épée qui plai-
soient tant à madame de Sévigné.

comme dans une fable de Turpin
ou dans un poème de l'Arioste. La
France avoit recommencé son édu-
cation. Elle savoit lire.

Ce qui résultera de la révolution
littéraire actuelle est un mystère
pour les jours actuels. Ce qui n'est
pas un mystère, c'est que cette ré-
volution est faite. Elle a répondu
à ceux qui ne l'avouent pas, comme
Diogène au sophiste qui nioit le
mouvement; elle a changé de place,
elle est entrée dans la politique,
dans la philosophie, dans l'histoire,
dans la vie privée, dans toutes les
études, dans toutes les sympathies

de l'homme. Si l'on croit qu'il est
possible de l'arrêter, qu'on l'essaie.
Personne n'empêcha Xerxès de faire
fouetter l'Hellespont. Il bat encore
ses rivages. On n'a pas rapporté jus-
qu'ici le décret de l'inquisition qui
déclare la terre immobile. Nous en
serons quittes pour donner en épi-
graphe au dictionnaire la fameuse
réticence de Galilée : *Pur si muove !*
On peut écrire de très-beaux livres
pour prouver que le dix-huitième
siècle n'a pas fini, et que le dix-
neuvième siècle n'a pas commencé.
Voyez la *Défense du Paganisme*,
de Julien, et dites-nous où est Ju-

piter. D'ailleurs, ce que vous regrettez aujourd'hui, dans quelques centaines d'années un nouvel ordre de choses le renouvellera peut-être. Ce ne sera pas celui-ci. Liberté plénière à chacun de conserver en attendant son rituel et sa rhétorique, de s'imposer des règles, d'y croire et de les suivre. Ce qui n'est plus permis, c'est de les prescrire tyranniquement aux autres. On ne fera plus rien en France avec le régime du *bon plaisir*. Le réseau du père Bossu et de l'abbé d'Aubignac est devenu trop lâche et trop fragile pour emprisonner l'essor de nos poètes. Le génie arrêté dans les préceptes des pédans , c'est l'aigle des Alpes tombé du haut du ciel dans une toile d'araignée.

FIN.

Table des Matières.

Chanson du Roy Richard.

Des — — cou — vrant ses blan — ches cou —
— leurs ; La terre vest sa
ro — — be pr—a—se Et son plai-
—sant man — tel de fleurs.

Emmy les champs et la saul-
-sa-ye Emmy buis-sons et
bois ra-més, A jar-
-gonner l'oi-sel essa-ye

Blondiaus.

Au renouviau, mon cuer a joie

Qu'hyver ayt fait son partement,

Et que l'iau coule et se reploie

En le préel accortement ;

Ains suis moult dolent que ma mie,

Ma mie aux attraits reclamez,

Au renouviau, n'ecoute mie

L'oisel qui dit : Amez, amez.